El viaje del vikingo soñador

Ana Merino

Ilustraciones de Luis San Vicente

Escribí este poema épico aventurero en dos lugares mágicos y muy distantes. Se me ocurrió en Iowa City, en el Medio Oeste estadounidense, pero lo terminé en el castillo de Hawthornden, en Edimburgo.

Mientras escribía este poema nacieron Elia, Nico, Sienna, Simón y Sebastián en Iowa City; Laura y Lucía en Madrid; Itzíar en Zúrich y Frida en Puebla. Espero que cuando crezcan les guste este poema.

El vikingo de esta historia se llama Eero en honor a mi ahijado que nació en Iowa City.

Antes del viaje

El vikingo despistado
que colecciona monedas
y vive en la vieja aldea
de los árboles helados
llenó un día sus maletas
de cosas raras y viejas,   5
de trastos rotos y extraños.

Sacó brillo a su gran casco
y preparó su armadura
para una gran aventura
de viajero solitario.

En el mesón de la abuela
donde casi siempre cena,
todos lo vieron bailar
descalzo sobre la mesa,
canturreando promesas
de trotamundos sagaz.

A todos les repetía
su estribillo de ilusiones,
pero nadie le creía
porque siempre les juraba
que ya pronto se marchaba,
que esta vez no volvería,
que otras tierras lo esperaban,
que su dicha estaba escrita
en los sueños migratorios
de las aves peregrinas.

La partida

Amaneció celebrando
con los grillos su alegría
de explorador repentino
que comienza un gran camino.

El vikingo no tenía
demasiadas posesiones,
nunca quiso estar atado
a la vida de la aldea
con sus abetos dormidos
y sus inmensas hogueras.

Jamás pudo enamorarse
porque apenas tuvo tiempo,
pensando en esos viajes
que no conocen regreso.

A todas horas soñaba
con la luz de un paraíso
donde el calor se tocara
y nunca sintiera el frío.

Se marchó sin despedidas
muy temprano en la mañana,
cuando las sombras descansan
y no ha despertado el día.

Su alma estaba tan llena
del viaje deseado
que se olvidó los adioses,
los besos y los abrazos.

La ruta equivocada

Nadie le pudo advertir
que la ruta que tomaba
terminaba en la gran nada
que hay detrás del firmamento:
un precipicio vacío
que se transforma en cascada,
ahogado por el silencio
al final de las palabras,
donde ni siquiera el eco
puede escuchar los lamentos
de todos los que naufragan
y caen en ese infinito
donde se acaban los mapas.

El vikingo despistado
que colecciona monedas
buscaba un mar de corales
y playas blancas de perlas
en el rastro equivocado
que dibujan las estrellas.

Buscaba el sol del verano
en un cielo de tormentas,
no veía su fracaso
dibujarse en las mareas.

El naufragio

En el mar que navegaba
la soledad se mezclaba
con la rabia de los vientos
y el aire se condensaba
en las narices pastosas
de unos extraños dragones
con alas de mariposa
y aleta de tiburón.

El agua le golpeaba
con espumosa fiereza
y todo el barco temblaba
hasta que se dio la vuelta.
El vikingo atolondrado
naufragó contra las olas.
Con su casco, sus monedas,
su armadura y sus maletas,
lo llevaba la corriente
hacia el horizonte frío
de un precipicio infernal
que termina en el vacío.

¿Qué pasará?

Detengamos el relato,
en este momento ingrato,
en el instante preciso
cuando las aguas más bravas
destrozaban la barcaza
esparciendo sus pedazos.

¿Será el fin de este vikingo
soñador y atolondrado?
¿Será capaz de escapar
del desolador final
al que el mar lo está arrastrando?

Reflexionemos un rato,
mientras nada con soltura,
no perdamos la esperanza,
contengamos la amargura,
porque un vikingo feroz
aunque sea despistado
no se deja amedrentar
por la bravura del mar.

A la deriva

Nadaba para no hundirse
y a todas partes miraba;
no tenía salvavidas
ni nada que lo ayudara.
¿Dónde están aquellos barcos
que a los náufragos salvaban,
dónde habitan las sirenas
que te llevan a una playa?

Flotaba con la corriente
con el cuerpo panza arriba,
trataba de no cansarse
esperando que algún barco
en su ruta lo encontrase
dormido sobre las olas.

Pero el mar que lo arrastraba
no era ruta de veleros ni de barcas,
ni siquiera era escondrijo
de galeones piratas;
era el mar de las tormentas,
del aire lleno de escarcha,
el mar de los precipicios
donde los mapas se acaban.

Al abismo

El vikingo se dio cuenta
del final que lo esperaba
y pudo ver las estrellas
iluminando la estela
del agua que lo llevaba
al borde del firmamento.

Pensó en todos sus amigos,
en la aldea, en los abetos,
en las tardes soleadas,
en las leyendas soñadas,
en los lugares secretos.

Se sintió frágil y viejo,
abandonado y perdido,
náufrago del infinito
que se ahogaba en un abismo
del que nadie regresaba.

Y se hundió en el torbellino
de espuma de la cascada,
y trató de no asustarse
aunque el aire le faltara.

Era un vikingo valiente

aunque todo le temblara
y estuviera medio muerto.
Era un vikingo de aquellos
que aguantan lo más adverso
y sobreviven sin nada.

Y cayó por el abismo
que hay al final de los mapas,
ese oscuro precipicio
de aguas revueltas y lágrimas
que se transforma en silencio,
y tritura la esperanza.

El otro lugar

Al final de aquel abismo
otro mundo lo esperaba:
un lugar desconocido
donde su cuerpo flotaba
sobre las aguas serenas
de un mar de plata dorada.

En el cielo no había estrellas,
solo manchas azuladas
y esferas multicolores
que giraban y giraban
como una noria de luces
en una feria encantada.

¡Qué sorpresa! ¡Estaba vivo!
¡Qué dicha tan señalada!
¡Sobrevivir a un abismo
del que nadie sabe nada!

El vikingo estaba alegre,
y con sus ojos buscaba
una roca, una madera,
un pedacito de tierra,
un lugar donde pudiera
descansar de tanta agua,
del mar y su marejada.

Alguien se acerca

Miró al este y no vio nada,
el norte estaba brumoso
y el oeste tenebroso,
pero hacia el sur se veía
una extraña silueta
que crecía y que crecía
y temió con desazón
que fuese un bicho glotón
con ganas de merendar.

¿Será un animal salvaje
de los que habitan el mar?
¿Será algún monstruo marino,
un tiburón gigantesco,
una ballena encantada
o cualquier otra alimaña
cazadora en estas aguas?

Pero estaba equivocado
el vikingo atolondrado.
Esa extraña silueta
era un simple pescador
que remaba y que remaba
y cantaba una tonada,
una sencilla canción
que el cansancio evaporaba:

«De los mares y los ríos
va naciendo mi canción,
soy pescador de tormentas,
curandero del rencor,
astrónomo de planetas,
cocinero del amor,
vivo en las islas secretas
donde crece la ilusión...».

El encuentro

El pescador se detuvo
y vio al vikingo flotando,
lo subió a su embarcación
y le preguntó extrañado
de qué lugar provenía.

El vikingo sonreía
resoplando de alegría,
trató de explicar su hazaña,
su naufragio y la cascada.

El pescador lo miraba
con mucha curiosidad,
porque el vikingo no hablaba,
simplemente balbuceaba,
algo raro le pasaba
que le impedía narrar,
articular las palabras.

El vikingo no podía
relatar lo que sentía,
sus vocablos se enredaban
y por más que se esforzaba
su boca no lo ayudaba
a organizar las palabras
y decir lo que pensaba.

El pescador comprendió
que el vikingo no podía
expresar lo que quería
y lo trató de animar:

«Náufrago, no te lamentes,
ni te esfuerces en hablar;
llegaremos a mi isla
donde te podré ayudar
a buscar algún remedio
con el que solucionar
esta triste situación
que te obliga a balbucear».

La isla del pescador

El vikingo lo miró
con tristeza resignada.
Él, a quien tanto gustaba
contar todas sus hazañas,
no podía decir nada.

Remaron durante horas
en esas aguas extrañas,
donde la bruma era un manto
de soledad embrujada,
y una isla apareció,
cristalina y soleada,
rodeada de gaviotas
y de arrecifes de plata.

Una isla muy frondosa
de exuberante espesura,
con arbustos y otras plantas
floreciendo de hermosura.

Un espacio vegetal
donde todo germinaba,
palmeras y enredaderas
por todas partes brotaban
vistiendo con su verdor
sus riberas y montañas.

La pastora ciega

La isla del pescador
estaba llena de ovejas
paseando por la playa
que pastaban en la arena
las algas que el mar dejaba.

Allí había una pastora
en una roca apoyada:
con el rostro entre sus manos
junto al agua sollozaba.

El pescador y el vikingo
corrieron a consolarla
y ella con gestos dolientes
les relató su desgracia:

«Me dormí sobre la arena
y desperté sin mis ojos,
sintiendo un terrible enojo,
los he llamado cien veces
para que vuelvan conmigo,
he esperado y no han venido.
¿Qué le hice a mi mirada
para que ahora esté extraviada?».

El vikingo contemplaba
con silenciosa emoción
el rostro de aquella dama,
y aunque sus ojos no estaban
era hermosa y delicada,
con su rebaño de ovejas
y el vacío en su mirada.

Al vikingo le faltaba
la voz para dar aliento,
para expresar sentimientos
y así poder consolar
a esa muchacha sin ojos
que lloraba junto al mar.

El vikingo la miraba
con la secreta emoción
de la ternura enroscada
que habita en el corazón
porque el amor más secreto
no necesita palabras,
florece con la ilusión
y anida dentro del alma.

Lo que dijo el pescador

La pastora, sin mirada;
el vikingo, sin palabras.
El pescador, pensativo,
por las cosas que pasaban,
vio a las ovejas balando
con una fiereza extraña,
y a las gaviotas cazando
cangrejillos de diez patas
que trataban de esconderse
cubriéndose con las algas,
enterrándose en la arena
de las playas azuladas.

El pescador quiso entonces
consolar a aquella dama
que tanto se lamentaba
de su suerte desdichada:

«Pastorcilla, no solloces,
que te vamos a ayudar,
iremos al viejo pueblo
a buscar al gran librero
que es un sabio de verdad,
y sabe tejer los sueños
con leyendas y otros cuentos,
y conoce los secretos
que nadie sabe explicar.

»Es un hombre extraordinario
que no para de leer
ni de sentir entusiasmo
por lo que pueda aprender.

»Su librería almacena
libros de muchos tamaños
y tiene su tienda abierta
todos los días del año».

Ovejas, gaviotas y cangrejos

La pastora se calmó
al saber que encontraría
respuesta en la librería
de aquel librero tan sabio.

Se incorporó jubilosa
y le pidió al pescador
que la ayudase a guardar
las ovejas en su establo
para luego caminar
al encuentro de aquel hombre
que la podría ayudar.

Recoger aquel rebaño
de trece ovejas lanudas
y una cabra testaruda
fue un trabajo complicado
para el viejo pescador
y el vikingo enamorado.

Un jolgorio de graznidos
todo lo sobrevolaba,
los cangrejos se ocultaban
bajo las algas mojadas
y escarbaban con ahínco
para huir de su destino
al final del intestino
de las gaviotas malvadas
que sus picos les clavaban.

Los cangrejillos sufrían
y las ovejas lloraban
con aquella cacería
de gaviotas tragaldabas.

Era un bullicio de arena,
de plumas rotas y algas,
una pelea de ovejas
y gaviotas enfadadas.

Ese rebaño lanudo
a las aves se enfrentaba
tratando de proteger
los cangrejos de diez pies
que en la playa se enterraban.

Fue una labor trabajosa
organizar a aquel grupo
de trece ovejas quejosas
y una cabra recelosa
que se querían quedar
en la playa a pelear
con las gaviotas rabiosas.

Pero al fin se las llevaron
al establo resguardado
de las hienas rencorosas
y los lobos enojados.

El viaje

La pastora se agarraba
del vikingo enamorado,
que en silencio se admiraba
de sentirse tan prendado.

El pescador los guiaba
por veredas escarpadas
y barrancos empinados,
y les contaba leyendas
de dragones perezosos,
de ranitas encantadas,
de duendecillos hermosos
y brujas embelesadas.

Y caminaron despacio
bordeando aquella sima
de quebradas travesías
y senderos devastados.

Cruzaron bosques frondosos
de espinos densos y ramas
que inundaban los caminos
vestidos de telarañas.

La maleza era una red
de espesura bien trenzada
y la pobre pastorcilla
a tientas se deslizaba
junto a aquellos precipicios
de peñascos y retama.

El pueblo viejo

En un valle luminoso,
el pueblo viejo afloraba
con sus murallas de piedra
y sus casas decoradas
con coloridas guirnaldas
sobre el dintel de sus puertas
y el marco de sus ventanas.

Las callejuelas estrechas
nunca estaban alineadas,
creando así un laberinto
de penumbras enroscadas
donde los pobres viajeros
se perdían con mirarlas.

Aquel viejo pescador
todo el pueblo conocía
y aunque hubiera recovecos
él jamás se extraviaría.

Sabía muy bien cómo hallar
esa tienda extraordinaria,
ese cobijo de libros
donde el librero guardaba
los secretos de los sueños
que van bordando las hadas.

La librería

Era un lugar misterioso,
lleno de sabiduría,
donde los libros crecían
como un vergel de palabras
sobre las estanterías.

Aquel lugar fascinante
tenía libros parlantes
que sabían entonar
melodías susurrantes
para los nuevos lectores
que aprendían a escuchar.

El vikingo estaba absorto
en aquella librería
donde los libros reían
y con cariño clamaban:

«¡Ya llegaste, buen vikingo,
a las tierras que anhelabas,
donde hallaste lo que amas
aunque no puedas hablar.
No sufras por tu silencio
que tu voz encontrarás
cuando aprendas a escuchar
lo que dice el firmamento!

»Sube al torreón dormido
a descifrar los misterios
que habitan en las esferas
que salieron en el cielo
el día de tu llegada
a nuestro mar de sosiegos.
En una esfera dorada
reposan tus pensamientos,
han olvidado que existes,
no reconocen tu cuerpo».

El librero sabio

¿Cómo puede ser posible
—se preguntaba el vikingo—
que no tenga pensamiento,
si yo sé bien lo que pienso,
aunque ya no pueda hablar?

Pero nadie le escuchaba
porque el vikingo no hablaba
y todo lo que pensaba
se ocultaba en su silencio.

El librero lo ayudó
a entender lo que pasaba,
y le explicó cuidadoso
que en el mundo en que se hallaba
la voz de sus pensamientos
no pronunciaba palabras.

«Llegaste del gran abismo
donde nacieron las aguas
con su cascada de llanto
y sus tormentas de escarcha.
Y en aquel instante amargo
cuando tu cuerpo se ahogaba
debió de huir tu pensamiento
creyendo que ya no estabas,
que aquel mar de olas inmensas
tu corazón se tragaba».

«¿Dónde está ese pensamiento
que fabrica las palabras
de este joven valeroso
que vino de tierra extraña?»,
exclamó la pastorcilla,
que con tristeza escuchaba
la suave voz del librero
que con ellos conversaba.

«En una esfera dorada
sobre el torreón dormido
que vigila la cascada
en donde nacen las aguas
que bañan nuestras orillas
y dibujan nuestras playas».

Los ojos perdidos

Tembló el suelo de la tienda,
y los libros se movieron
con el golpe de la puerta
empujada por el viento.
Una tormenta de rayos
iluminó todo el pueblo.

La pastora preguntaba
al librero generoso:
«¿Por qué no tengo mis ojos?».

«Tus ojos, bella pastora,
los robaron en tus sueños
unas sombras tenebrosas.
Nunca los podrás hallar
porque a otro mundo se fueron».

La pastora sorprendida
al librero le decía:
«¿Cómo puede ser posible
que unas sombras rencorosas
se colaran en mis sueños,
mis dos ojos me robaran
y a otros mundos los llevaran?».

El librero no tenía
respuestas para explicar
las razones que obligaban
a esas sombras a robar
los ojos de la pastora.

Las desgracias se disfrazan
con un aliento malvado,
suceden sin avisar
y nos dejan desolados.

«No te sientas desdichada
con mis sombrías palabras».
El librero a la pastora animaba:
«La esperanza hay que encontrarla,
busca con el corazón alegre
al erizo de los vientos
que fabrica con arena
cristales llenos de tiempo;
artesano riguroso
con el alma esplendorosa,
borrará esta adversidad
y te tallará unos ojos
llenos de felicidad».

El mapa del librero

Aquel librero tan sabio
comenzó a señalar
en un mapa gigantesco
las rutas que traza el mar,
cuando lo abrazan los vientos,
para poder encontrar
el hogar de aquel erizo
que fabricaba cristal.

Ese bicho solitario
en un islote habitaba
de corales milenarios,
donde estaban olvidados
los restos abandonados
de una ciudad ancestral
que ya nadie visitaba.

Fue un reino lleno de magia
donde todo era alegría,
un lugar donde inventaban
las risas de cada día.

De aquello no queda nada,
ni el murmullo contagioso
de los instantes sabrosos
que se alimentan de dicha.
Solo un torreón dormido
que a duras penas aguanta
las embestidas del mar
nacido de la cascada.

Hay que volver a la costa
y encontrar el firmamento
donde crecen los corales,
donde guarda sus secretos
ese erizo solitario
que conoce los misterios
de los ojos extraviados.

Aquel torreón dormido,
junto a una extraña cascada,
golpeado por los vientos,
desgastado por las aguas,
es la clave de este cuento,
es el lugar encantado
donde habitan las respuestas
de todo lo imaginado.

Sigue hablando el librero

Admiraban al librero,
a ese amigo generoso,
que les regaló consejos
y un atlas maravilloso.

Se llevaron el gran mapa
que todo lo describía,
y con detalle trazaba
la ruta de la alegría.

Galeones y veleros
a aquellas costas viajaban
en los tiempos de la dicha,
cuando el mar no se enojaba,
cuando en el cielo había estrellas
que por las noches brillaban.

Eran tiempos primorosos
donde la risa afloraba
en esa ciudad de ensueño,
en ese reino de magia,
que se deshizo en pedazos
cuando nació la cascada
y las estrellas del cielo
se alejaron de estas aguas
dejando que unas esferas
de este mundo se apropiaran
marcando un ritmo distinto
en estas islas lejanas.

La historia de la esfera

Ya solo queda la pena
que dibujan las palabras,
las ruinas de los recuerdos
en una esfera dorada
que gira sobre una torre
derruida y malgastada
con cristales de tristeza
y suspiros de nostalgia.

Es la esfera poderosa,
inmensa, densa y hermosa,
del tamaño de un planeta
efervescente y dorado.

El calor de su energía
transforma el tiempo a su lado,
y un día se hace mil años:
por eso todos murieron
en esa ciudad sin llanto.

Cuando apareció la esfera
el tiempo se fue volando.
En ese islote de risas
los relojes se pararon.
No había cuerda que pudiera
seguir ese ritmo extraño
donde un segundo pasaba
comiéndose varios años.

El brebaje mágico

El librero, que es tan sabio,
una bebida ha creado
que ayudará a los viajeros
a salvarse del gran daño
de esa esfera tenebrosa
que tanto mal ha causado.

Esta gesta laboriosa
tiene buenos aliados
con la poción milagrosa
que el librero ha fabricado
en su sótano de hechizos
y sueños desmenuzados.

Es la fórmula secreta
de las promesas sagradas
que protege al que la bebe
otorgándole el valor,
para enfrentar con viveza
la fuerza de aquella esfera
que absorbía la alegría
y a todos envejecía.

59

El velero y su capitán

Partieron en un velero
de los que abrazan la brisa
y hacen nudos con el viento,
un barco sin marineros
que en el puerto solo estaba;
su capitán lo sacaba
cuando el aire más soplaba
y el muelle estaba repleto
de los barcos que llegaban
para ponerse a cubierto.

«Es mi velero el mejor»,
gritaba con energía
mientras las velas se abrían
y comenzaba a soplar
una ventisca infernal
que a los barcos asustaba,
pero no a este capitán
ni al velero que entrenaba.

El capitán se reía
y el velero navegaba
en un mar embravecido
por las esferas extrañas
que decoraban los cielos
y giraban sobre el agua.

El pescador conocía
a este rudo capitán
y sabía que no había
mejor velero en el puerto
que se atreviera a viajar
a ese islote envejecido
por la esfera singular,
por el dorado planeta
que la cascada irradiaba,
donde el mar se violentaba
y el tiempo se aceleraba.

«Ese capitán no teme
ni al dragón de los infiernos,
y su velero resiste
el peor de los embistes
que le pueda dar el mar»,
murmuraba el pescador
con una sana alegría
animando a la pastora,
que a ratos se entristecía.

El capitán se sintió
motivado en esta empresa
plagada de mil sorpresas
donde podría probar
la fuerza de su velero
contra las olas feroces
que nacen justo al chocar
el agua de la cascada
con el agua del gran mar.

Partieron cuando el silencio
dormitaba entre las olas
y el vikingo bostezaba,
y la hermosa pastorcilla
todavía cabeceaba
navegando entre los sueños
que a veces la acompañaban
convertidos en ovejas
saltando miles de vallas.

Maravillas del mar

El capitán mira el mapa
con su brújula y sus gafas
y estudia muy cauteloso
la ruta tan bien marcada
que el librero les trazó;
se acaricia los bigotes
y sonríe satisfecho
mientras le ordena al velero
que se ponga a navegar
rumbo a las aguas más bravas
que existen en este mar.

Fue un viaje sorprendente
por los seres que encontraban
en el cielo y en el agua:
vieron gansos elefante
con unas grandes orejas
donde se tienen las alas
y un pico en forma de trompa
que a ratos los saludaban.

Vieron delfines conejo
que con saltos celebraban
la estela de aquel velero
que en el mar se dibujaba.

Vieron ballenas oveja
flotando sobre las aguas,
esponjosas y traviesas
sumamente relajadas.

Vieron dragones pequeños
y cisnes de cuatro patas,
y cocodrilos dormidos
y tortugas asustadas
que les gritaban:
«Regresen, este mar los envejece,
vuélvanse a donde estaban,
no se acerquen al islote
de las risas más ufanas,
que allí ya no queda nada,
solo tiempo tenebroso
que te arranca las entrañas».

«No se preocupen, tenemos
un brebaje que nos salva»,
el pescador respondía
para tratar de calmarlas.
Pero ellas replicaban
con consejos cuidadosos:
«No se fíen de la esfera,
que ensombrece la cascada,
es un planeta que absorbe
el alma de las palabras.
Cuídense de su energía,
de su viveza encantada.
Regresen, no se aventuren,
ese lugar nos espanta».

«No se preocupen, tenemos
el corazón decidido
y el silencio del que ama,
no hay esfera venenosa
que pueda arrancar el alma
de aquel que ya la ha perdido
y ahora busca sus palabras.
No tememos a la esfera
ni al agua de su cascada,
ni a las ruinas del pasado,
ni a la tristeza enroscada
que alimenta ese planeta
con las risas machacadas
de la rabia rencorosa.

»No lloren, que volveremos,
no se deben asustar,
este velero es de acero,
no lo pueden astillar
ni las peores tormentas
ni un maremoto brutal.

No lloren, que volveremos
y podremos celebrar
el regreso de la risa
que florece en la amistad».

En plena tormenta

Navegaron con el viento
acariciando sus caras,
con la brisa sinuosa
que se disfraza de calma
pero esconde la fiereza
de las peores batallas.

Tormentas de cielo roto
que todo lo iluminaban
con rayos de enredadera
que el horizonte abarcaban,
en un instante de luces
que con asombro miraban
los ojos de aquel vikingo
que sus palabras buscaba.

Estalló en lluvia de hielo
la tormenta envenenada;
la cubierta del velero
en silencio soportaba
los pedruscos de granizo
que con fuerza se lanzaban
desde una nube de sombras
que a los peces espantaba.

El capitán, enojado,
contra el cielo maldecía
y la tormenta furiosa
con truenos le respondía.

«Mejor no la provoquemos»,
el pescador sugería;
pero el capitán sabía
que el miedo ahoga a los barcos,
por eso él jamás temía
la ira de esas tormentas
que rabiosas lo seguían
con nubes llenas de azufre
y puñales de energía.

El islote
de la ciudad muerta

Por fin vieron el islote
asomarse en la distancia;
desde hacía muchas millas
casi se lo imaginaban
por el estruendo espantoso
que produce la cascada.

El pescador previsor
repartía diligente
esa poción milagrosa
del librero inteligente,
y celebraron con dicha
la magia de aquel brebaje
que transformó su viaje
en aventura inmortal.

Qué alegría tan curiosa
sienten los pobres viajeros
después de tantas batallas
contra la furia del viento
y la fuerza de las aguas.

El islote era pequeño
porque los mares crecieron
por el efecto enfermizo
de aquel dorado elemento;
los restos de la ciudad
eran tierra sumergida,
ruinas debajo del mar
donde nadie las visita.

Solo quedaba la torre
testigo de viejos sueños
cuando era reino la risa
y el amor era su imperio,
cuando el tiempo de las hadas
daba cuerda a la alegría
y en las sombras florecía
la amistad más infinita.

¡Qué tristeza ver aquello!
¡Qué devenir tan ingrato
para los que allí nacieron
y un día se evaporaron
sin entender que sus vidas
se hicieron tiempo pasado
en un instante malvado!

El velero se enfrentó
a la espumosa cascada
y bordeó decidido
las corrientes más marcadas.

Arribó entre dos tejados
de dos casas derruidas
que del mar sobresalían
y que pudieron usar
como puerto improvisado
donde el velero atracar.

Qué difícil debió ser
para aquellos que vivían
desde siempre en esta isla
donde el amor era eterno
e igualmente la alegría
que bombeaba la sangre
de todo el que se reía,
pensaron nuestros viajeros
cuando el velero dejaban
y hacia el torreón dormido
con valor se aventuraban.

Explorando

La pastora caminaba
con prudencia calculada.
Aunque no viera el camino
toda la ruta intuía
sin tener una caída,
sin tropezar un instante:
parecía que sabía
el camino sin temer
que algo fuera a suceder.
El vikingo la seguía
imaginando palabras
que algún día le diría,
pensaba en todo el cariño
que por ella ya sentía,
en sus pasos sigilosos,
en su mente decidida,
en esa amistad sagrada
que solo el amor fabrica.

El pescador cauteloso
del islote no se fía,
y el capitán valeroso
igualmente desconfía
de este lugar devastado,
de esa realidad sombría,
de este desierto de arena
y algunas rocas calizas,
donde un torreón se alza
impregnado de desdichas,
donde se cuece la pena
que proyecta desde el cielo
esa venenosa esfera.

El torreón

¿Dónde vivirá el erizo
que con los vientos modela
los cristales del deseo
que la pastorcilla anhela?

¿Cómo puede resistir
los efectos de esta esfera
que se tragó los instantes
y la vida desintegra?

Menos mal que la poción
a los viajeros protege
y los ayuda a enfrentar
las cosas que no comprenden.

Ya llegaron a la torre,
ya suben al torreón
que aunque no se ha derrumbado
es frágil y tembloroso
pero sigue siendo hermoso.

Son trescientos escalones
que van dando muchas vueltas.
El pescador los recorre
resoplando con pereza,
el vikingo está agotado
y el capitán se marea,
pero la pastora ciega
no parece muy cansada,
ella sube la primera
palpando muy cuidadosa
esas paredes de piedra
que se estrechan lentamente
a medida que se eleva
ese torreón dormido
que resiste la tristeza.

El final parece un tubo
de escaleras que se cierra
pero tiene una salida
que entra dentro de la esfera.

¿Adivina a dónde lleva?
¿Imagina a dónde llegan
estos viajeros exhaustos
después de dar tantas vueltas?

El erizo

Están en el interior
de la energía perfecta,
es el principio del todo
y el final de las respuestas.

Es el instante soñado
de la vida que se inventa
donde confluyen los mundos
que imaginan las leyendas
y se crearon las voces
de las palabras sinceras.

El tiempo en su eternidad
que germina en el asombro
y transforma sus latidos
en algo maravilloso.

Nuestros amigos no pesan
en este lugar extraño,
sus cuerpos flotan despacio
y comienzan a dar vueltas
con vertiginosa fuerza
como si fueran peonzas
girando sobre la acera
de una calle bulliciosa
donde unos muchachos juegan.

El vikingo se desmaya.
No es capaz de soportar
todo lo que allí les pasa.
La pastora, sin embargo,
siente su risa enhebrarse
y la alegría del mundo
en su boca dibujarse,
y de pronto abre los ojos
y ve su cuerpo en la playa
rodeado de penumbras
y de la figura extraña
del erizo solitario
que rehízo su mirada
y cuidadoso la observa.

La pastora quiere hablar
pero el animal se aleja
y ya no puede escuchar
lo agradecida que está
la dama de las ovejas.

A su lado está el vikingo
y parece muy dormido;
lo trata de despertar
pero es un cuerpo vacío
de un alma que ya no está.

«No te vayas, no te vayas»,
la pastora se lamenta
y lo llama sin parar,
pero su amigo se ha ido,
se ha tenido que marchar,
nuestro vikingo ha partido
a su mundo de verdad,
y la pastora se abraza
a esta otra realidad,
a ese cuerpo transparente
que la luz de esos instantes
difumina lentamente.

Y mientras lo está abrazando
el alma de la pastora
por dentro se está quebrando
y de sus ojos afloran
dolorosos sentimientos,

diamantes llenos de pena,
lagrimones de cristal
que sobre el cielo se elevan
transformándose en estrellas,
en gigantescos planetas
donde un día nacerá
la leyenda de estos versos
y del amor inmortal
entre una pastora ciega
y un vikingo condenado
a vagar por el espacio
hasta que vuelva a encontrar
el alma de sus palabras
y con ellas invocar
el amor por su pastora
que en otro universo está.

El precio del retorno

El pescador ha encontrado
a la pastora llorando,
ha dejado de estar ciega
pero su llanto es amargo
bajo ese cielo de estrellas
que sus lágrimas crearon.

«No llores, mi buena amiga,
no te deshagas en pena,
la energía de la esfera
volvió todo a lo que era
y esta isla tan hermosa
ha revivido su risa,
ya están brotando las rosas,
ya renace la alegría».

Pero a la pobre pastora
eso no la conmovía
ahora que había perdido
al ser que ella más quería.

El pescador, cariñoso,
trataba de consolarla
intentando dar sentido
a todo lo que pasaba
y explicarle a la pastora

por qué el vikingo no estaba:

«Nuestro mundo ha retornado
a su esencia primigenia
de alegría permanente
iluminada de estrellas,
el vikingo es la razón
que ayudó a que esto ocurriera
al llenar tu corazón
con la pasión más sincera;
todo lo que estás sintiendo
es la chispa enamorada
que da vida a nuestras hadas
y hace que haya magia buena.

»Este amor tan imposible
aunque sea doloroso
es el motor creador
de sueños maravillosos;
el vikingo ya no está,
la fuerza se lo ha llevado
a otro mundo paralelo
donde no podrás hallarlo;
y ya no debes llorar
porque en su alma ha guardado
la promesa más secreta
de un vikingo enamorado,
y cada noche recuerda
la calidez de tus labios
al mirar a las estrellas
que de tus ojos brotaron
e iluminan su planeta
porque en las caras del cielo
vuestras miradas se encuentran».

La vuelta a la aldea

El vikingo despistado
a su mar ha regresado
y se ha enganchado en las redes
de un barco que está pescando.

«Mira», gritan los muchachos
que trabajan en cubierta,
«hemos encontrado un náufrago
mezclado con nuestras presas».

Entre atunes y merluzas
el vikingo reaparece,
la esfera que lo atrapó
a su mundo lo devuelve.

«No creemos que esté ahogado,
más bien parece inconsciente»,
gritan los cuatro muchachos
mientras le quitan las redes.

El vikingo se despierta
con el alma jubilosa
buscando entre las miradas
el rostro de su pastora.

«¿Dónde está mi pastorcilla?,
mi dulce y tierna pastora,
¿dónde estás, mi linda amiga?,
¡por fin mi boca te nombra!».

Los muchachos que le observan
no entienden lo que le pasa,
el vikingo se levanta
y los mira con tristeza,
en el fondo de su alma
presiente el dolor sagrado
que alimenta a los poetas
y hace que escriban sus versos
para sofocar la pena.

«¡Pastora!», le grita al viento,
«¿dónde quedaron tus tierras?,
¿dónde tu playa de auroras,
con tu rebaño de ovejas?

»¡Pastora, ya tengo voz
que describa tu belleza,
el encanto de tus manos,
tu tenaz inteligencia,
y esa dulzura amorosa
de tu alma valerosa!

»¡Pastora, qué doloroso
es el amor enjaulado,
tan lejano de tu mundo
sin disfrutarlo a tu lado!».

El vikingo atolondrado
a su aldea ya regresa,
ha dejado de soñar,
no canturrea promesas
de trotamundos sagaz.

El vikingo ha madurado
con este amor invencible
de cariño irrepetible
que lo tiene suspirando.

El vikingo emprendedor
se ha transformado en poeta
y va recitando versos
que iluminan las estrellas,
ahora promete encontrar
la ruta más valerosa,
la de su pastora hermosa.

El final nunca termina

El vikingo valeroso
es poeta enamorado,
no se resigna al olvido
y navega esperanzado
por bahías espumosas
de lugares encantados.
Busca el mar de los abismos,
el eco de una cascada
donde los mapas se acaban.
Quiere dar con una ruta
que lo lleve hasta su amada.

El final nunca termina
para el alma enamorada,
el vikingo aventurero
no dejará de buscarla.

Recorrerá mundos nuevos,
rastreará en las entrañas
de los volcanes de hielo
en lunas abandonadas.

Será el viajero tenaz
que celebran las palabras
con este amor de leyenda
que endulzará el paladar
de todo aquel que lo narra.

Vivirá mil aventuras
esta alma apasionada,
aprenderá los idiomas
de las tierras más extrañas,
inventará los caminos
de las sendas más lejanas
y después de grandes vueltas
un día podrá encontrarla.

Ana Merino

Autora

Ana Merino escribe poesía, teatro y narrativa para niños y adultos. Es profesora de escritura creativa y estudios culturales en la Universidad de Iowa, Estados Unidos. Ha publicado diez poemarios, cuatro obras de teatro y tres novelas, y ha ganado importantes premios como el Adonais de poesía y el Nadal de novela. También investiga los cómics y organiza exposiciones. Siempre que puede imparte talleres de animación a la lectura y la escritura en escuelas porque le encanta compartir su pasión por la creatividad con los más pequeños. Vive entre Iowa City y Madrid.

Luis San Vicente

Ilustrador

Luis San Vicente es un reconocido diseñador gráfico e ilustrador mexicano. Estudió Diseño de la Comunicación Gráfica en la UAM y, mucho antes de graduarse, descubrió la magia de la ilustración de libros para niños. Sus obras aparecen en más de cuarenta títulos, se han utilizado en carteles, revistas e incluso cortometrajes, y se han expuesto en varios países alrededor del mundo.

EL VIAJE DEL VIKINGO SOÑADOR
© 2023, Vista Higher Learning, Inc.
  500 Boylston Street, Suite 620
  Boston, MA 02116-3736
  www.vistahigherlearning.com
  www.loqueleo.com/us
© Del texto: 2014, Ana Merino

Dirección Creativa: José A. Blanco
Vicedirector Ejecutivo y Gerente General, K–12: Vincent Grosso
Desarrollo Editorial: Salwa Lacayo, Lisset López, Isabel C. Mendoza
Diseño: Ilana Aguirre, Radoslav Mateev, Gabriel Noreña, Verónica Suescún,
  Andrés Vanegas, Manuela Zapata
Coordinación del proyecto: Karys Acosta, Tiffany Kayes
Derechos: Jorgensen Fernandez, Annie Pickert Fuller, Kristine Janssens
Producción: Esteban Correa, Oscar Díez, Sebastián Díez, Andrés Escobar,
  Adriana Jaramillo, Daniel Lopera, Juliana Molina, Daniela Peláez,
  Jimena Pérez
Ilustraciones: Luis San Vicente

El viaje del vikingo soñador
ISBN: 978-1-54339-540-2

Printed in the United States of America
1 2 3 4 5 6 7 8 9 GP 28 27 26 25 24 23